EXAMEN

DES

DEUX PROJETS DE LOI

RELATIFS AUX COLONIES,

ET NOTAMMENT DES ART. 20 ET 21,

ADRESSÉ A LA CHAMBRE DES DÉPUTÉS

PAR FABIEN,

MANDATAIRE DES HOMMES DE COULEUR DE LA MARTINIQUE.

EXAMEN

DES

DEUX PROJETS DE LOI

RELATIFS AUX COLONIES,

ET NOTAMMENT DES ART. 20 ET 21,

ADRESSÉ A LA CHAMBRE DES DÉPUTÉS

PAR FABIEN,

MANDATAIRE DES HOMMES DE COULEUR DE LA MARTINIQUE,

Les Français sont égaux devant la loi, quels que soient d'ailleurs leurs titres et leurs rangs. Art. 1er des Chartes de 1814 et 1830.	Les Colonies seront régies par des lois particulières. Article 64 de la Charte de 1830.

Paris.

DE L'IMPRIMERIE DE DEZAUCHE,

FAUBOURG MONTMARTRE, N° 11.

1833.

EXAMEN

DES

DEUX PROJETS DE LOI

RELATIFS AUX COLONIES,

ET NOTAMMENT DES ART. 20 ET 21,

ADRESSÉ A LA CHAMBRE DES DÉPUTÉS.

M. le Ministre de la marine a présenté à la Chambre des Députés deux lois déjà votées par la Chambre des Pairs, pour les Colonies. Celle qui est relative à l'exercice des droits civils et politiques des hommes de couleur libres, étant déclarative des droits consacrés dans la Charte coloniale de 1685, et confirmative du principe d'égalité consacré dans les Chartes constitutionnelles de 1814 et 1830, ne peut être l'objet d'aucune controverse. Mes investigations se porteront seulement sur la loi qui détermine le régime législatif de ces Colonies.

Cinq questions connexes se présentent quand on examine cette loi.

La première est de savoir si l'élévation du cens électoral permettra aux possesseurs de la moyenne propriété d'exercer leurs droits politiques, et si ce cens est calculé en raison des droits qu'il confère;

La seconde, pourquoi on exige 200 fr. et 400 fr. de contributions à la Guyane et à Bourbon, pour être électeur et éligible, quand on exige 300 fr. et 600 fr. à la Martinique et à la Guadeloupe, pour l'exercice des mêmes droits;

La troisième, si la loi en général est conçue de manière à

concilier, autant que possible, tous les intérêts et à satisfaire les besoins impérieux de l'époque ;

La quatrième, si cette loi est l'expression de la majorité des habitans libres des Colonies, pour lesquels elles sont faites ;

La cinquième enfin, est de savoir si l'application de cette loi rétablira l'harmonie entre les classes rivales, et opèrera entre elles la fusion si nécessaire à la stabilité et à la prospérité futures des Colonies.

Telles sont les questions auxquelles je vais répondre, non pas avec tous les développemens dont elles sont susceptibles ; je n'en ai ni le temps et encore moins les facultés : mais j'y répondrai du moins avec la franchise et la conviction d'un homme qui désire le bonheur de son pays. Trop heureux, si je parvenais à porter ma conviction dans l'esprit des législateurs appelés à prononcer sur le sort de nos Colonies !

Si dans mes citations, il m'échappe des expressions désobligeantes pour des personnes dont j'honore le caractère, si en défendant les droits de mes commettans, j'expose des vérités qui offensent d'ombrageuses susceptibilités, j'en serai fâché sans doute, mais j'aurai fait ce que je dois, advienne que pourra.

D'abord je dirai que la Commission nommée par le Ministre de la marine pour élaborer la loi, a manqué à une de ses obligations, car elle n'a jamais entendu les vrais intéressés dans la question, les hommes de couleur. Traités comme par le passé, en parias, on les a repoussés au moment même où les délégués des colons blancs étaient admis pour soutenir ce qu'ils appellent leurs droits, qui ne sont réellement que des usurpations. Aussi le travail de la Commission coloniale s'est-il ressenti de cette fâcheuse accointance.

Ce projet, avec ses ambiguités et ses imperfections, ayant été présenté d'abord à la Chambre des Députés, qui n'a pu voter la loi, puis à la Chambre des Pairs, n'a éprouvé que des modifications de rédaction qui ne changent rien au fond de la loi ;

tant il est vrai qu'avec la meilleure volonté et le talent le plus consommé, on ne peut élever un bon édifice avec des matériaux vicieux.

En effet, si la Chambre des Pairs avait eu à prononcer sur un travail élaboré avec impartialité, elle eût voté une bonne loi; mais confiante dans le travail de la Commission coloniale, elle n'a pas voulu examiner le fond de la question, et c'est à cause de cela qu'elle a voté, avec bonne foi, une loi qui est une œuvre informe, une vraie déception.

M. le Ministre de la Marine, en soutenant sa loi à la Chambre des Pairs, s'est beaucoup appuyé sur l'approbation que cette loi avait trouvée dans les conseils privés et généraux des différentes Colonies qu'elles sont destinées à régir. Mais M. le Ministre a omis d'informer la Chambre que les hommes de couleur, exclus de ces conseils coloniaux, n'avaient pas été individuellement consultés par les gouverneurs de ces Colonies.

Cependant, il faut le dire, la Commission nommée par la Chambre des Pairs, pour faire preuve d'impartialité, a entendu d'une part les délégués de l'aristocratie coloniale, et de l'autre, les mandataires des hommes de couleur (1).

Les réclamations de ces derniers n'ont pas été prises en considération; mais la Commission, plus accessible aux réclamations de MM. les délégués, avait modifié le projet de loi du gouvernement de telle sorte, que le régime de la population esclave était laissé entièrement au bon plaisir des colons.

Quel eût été le sort de cette classe déjà si malheureuse et si digne de la pitié nationale !

---

(1) Cette commission était ainsi composée : MM. de Chabrol, ancien ministre de la marine, président; l'amiral Duperré, propriétaire d'habitations à esclaves à la Martinique; Félix Faure, magistrat; Gautier, de Bordeaux; le vice-amiral Jacob, délégué des colons blancs à fr. 20,000 par an; le baron Malouet, le comte Molé; le comte de Noé et le baron Zangiacomi.

Mais la Chambre, plus équitable que sa Commission, a rétabli la loi dans ses dispositions primitives, en replaçant les esclaves sous l'empire des ordonnances royales.

C'est grace à quelques nobles Pairs, et notamment à M. le baron de Fréville, dont la persuasive éloquence a triomphé des arguties de la Commission, que les esclaves ont été remis sous la tutelle royale ; c'est grace aux réclamations des mandataires des hommes de couleur que ces infortunés ont été arrachés, pour ainsi dire, des griffes du Conseil colonial ; mais ils n'auraient pas assez fait, ces mandataires, s'ils ne revendiquaient pas les dispositions de la Charte de 1830 en faveur d'une classe qui mérite toute notre commisération.

Cette digression n'aura pas été inutile si j'en ai dit assez pour éclairer l'opinion des législateurs, et pour qu'ils puissent apprécier, comme ils le méritent, les antécédens qu'il importait de faire connaître avant de traiter la question.

Maintenant j'entre en matière.

LA MOYENNE PROPRIÉTÉ NE SERA PAS REPRÉSENTÉE. LE CENS N'EST PAS EN RAISON DES DROITS POLITIQUES QU'IL CONFÈRE.

L'ART. 20 de la loi dit :

« Sera électeur tout Français âgé de 25 ans accomplis, né
« dans la Colonie ou qui y sera domicilié depuis deux ans,
« jouissant des droits civils et politiques, payant en contributions
« directes sur les rôles de la Colonie 300 fr. à la Martinique
« et à la Guadeloupe, ou justifiant qu'il possède dans la Colo-
« nie des propriétés *mobilières* ou immobilières d'une valeur
« de 30,000 fr. à la Martinique et à la Guadeloupe, et
« de 20,000 fr. à l'île Bourbon ou à la Guyane. »

Je demande ce qu'on entend par propriétés *mobilières*. Si on a l'intention de classer les esclaves parmi les meubles et de les apprécier comme tels, il ne serait pas inutile de rappeler que cette classification avait été implicitement repoussée par la Commission nommée par la Chambre des Députés en 1832. Elle avait adopté que dans aucun cas l'impôt payé par tête d'esclave ne pouvait être compris dans le cens qui confère le droit électoral. Cet impôt avait été repoussé comme immoral et comme une entrave à l'affranchissement, parce que le colon, pour conserver les droits d'élection, ne consentirait pas à affranchir ses esclaves sur les têtes desquels sont prélevées les contributions qui donnent au maître des droits politiques.

Art. 21.

« Sera éligible aux fonctions de membre du conseil Colo-
« nial, tout électeur âgé de 35 ans accomplis, payant en con-
« tributions directes 600 fr. à la Martinique et à la Guade-
« loupe ; 400 fr. à l'île Bourbon et à Cayenne, ou justifiant
« qu'il possède dans la Colonie des propriétés mobilières ou
« immobilières d'une valeur de 60,000 fr. à la Martinique et à
« la Guadeloupe, de 40,000 fr. à l'île Bourbon et à la
« Guyane. »

Comme je dois consacrer un article uniquement pour réfuter le faux principe qui admet deux cens différens pour l'exercice des mêmes droits dans des pays qui sont dans la même situation de fortunes, je demanderai seulement si le cens le moins élevé, celui de 200 fr., est en rapport avec les fortunes coloniales, et s'il est en raison des droits politiques qui lui sont attribués.

Je pense que non, et voici pourquoi :

Les propriétés rurales, dans les Colonies de la Martinique et de la Guadeloupe notamment, sont divisées en grandes et en petites propriétés. Il n'y a presque pas d'intermédiaire entre elles. Les grandes sucreries et les grandes caféyères appartiennent à la classe blanche ; les petites caféyères et les petites habitations récoltant les bananes, le manioc et autres racines, appartiennent à la classe de couleur, et comme on a fixé pour base des droits électoraux un cens de 200 fr. ou un capital de 20,000, et qu'assez généralement les petites habitations n'atteignent pas cette valeur, il est clair qu'on a voulu évincer les petits propriétaires et n'appeler dans les colléges électoraux que les possesseurs de la grande propriété.

Dans les villes où les hommes de couleur possèdent le quart ou le tiers des propriétés, ils seront encore dans une minorité telle qu'ils ne pourront nommer parmi eux des membres au Conseil colonial. Ainsi dans les villes comme dans les campagnes, la moyenne et la petite propriété resteront sans représentation, parce que le cens électoral de 200 fr., déjà trop élevé, n'est nullement en rapport avec la moyenne propriété.

Ce cens n'est pas, non plus en raison des droits politiques qu'il confère. En effet, quels sont les droits de l'électeur? C'est celui de concourir à la nomination d'un membre du Conseil colonial, lequel, à son tour, n'est appelé qu'à régler les affaires locales, et qu'à statuer sur les intérêts particuliers de la Colonie. Ce n'est pas un député, un législateur, qui a pour mission de voter des lois et des constitutions. Non : » ses modestes attributions, circonscrites dans une sphère plus étroite, sont, à peu de chose près, comme les attributions d'un membre de nos conseils généraux de départemens, et encore celui-ci discute et représente les intérêts de 8 à 900,000 citoyens, quand l'autre ne statue que sur les intérêts de quelques milliers de colons.

On me répondra peut-être que le Conseil colonial est appelé à déterminer l'assiette et la répartition de l'impôt, et qu'il vote le budjet des dépenses du service intérieur; sans doute, ce sont des avantages dont les Colonies n'avaient pas joui jusqu'ici; mais en les leur accordant, on y a mis d'urgentes et de sages restrictions. Ainsi la loi soustrait à leur investigation le traitement du gouverneur, celui du personnel de la justice et des douanes. Peut-être eût-on bien fait d'y mettre encore d'autres restrictions dont on sentira plus tard la nécessité, et qu'il serait trop long d'énumérer ici.

Or, comme tout peut être jugé par analogie, et qu'en bon droit le cens électoral doit être en raison de l'étendue des capacités politiques qui lui sont attribuées, eu égard au cens de 200 fr. qui donne le droit d'élire en France un député, je conclus que le cens de 100 fr., dans nos Colonies, devrait procurer à celui qui le paie, le droit d'élire un membre du Conseil colonial. Quant à ce qui est relatif au cens d'éligibilité, il devrait être calculé dans les mêmes proportions.

On croira m'avoir réfuté quand on m'aura dit et redit que tout est relatif, et qu'en fixant le cens à 200 fr. on a basé ces calculs sur l'intérêt de l'argent qui, aux colonies, se paie 10, 12 et 15 pour 100 ; mais cet argument est positivement celui que je dois employer pour demander l'abaissement du cens ; il est la preuve évidente de la pauvreté du pays et de la misère de ses habitans. Dans tous les pays riches, les capitaux abondent de telle sorte, qu'en Angleterre et en France, que je citerai pour exemples, l'intérêt de l'argent est de 3 à 5 p. 100.

Mais, il faut le dire, l'élévation du cens n'a pour but que de repousser les citoyens de couleur des colléges électoraux, et de leur fermer pour long-temps l'entrée des Conseils coloniaux. Le rapporteur de la Commission de la Chambre des Pairs a déclaré lui-même que, sur huit électeurs coloniaux, il y aurait un homme de couleur et sept colons blancs, et cependant cette exclusion injuste et impolitique à la fois ne lui a pas paru assez grave pour ébranler sa conviction. Au contraire, le noble pair, en répondant à M. le comte Lanjuinais, qui a demandé l'unité du cens pour les quatre colonies, a cherché à justifier les motifs qui avaient déterminé la Commission à l'adoption d'un chiffre disproportionné.

Sans vouloir pénétrer ces motifs, qui sont au moins spécieux, je demanderai s'il est rationnel qu'alors qu'on avoue que la bonne conduite des hommes de couleur leur a mérité des louanges de M. le ministre de la marine ; on vienne les frapper d'une espèce d'interdiction dont ils sentent toute la portée.

Quand cette interdiction leur était imposée par des règle-mens tyranniques, les hommes de couleur la supportaient avec une courageuse résignation, en espérant tout de l'avenir et de la justice d'une législature protectrice de tous les inté-rêts. Mais quel serait leur désappointement ; et je dirai leur désespoir, s'ils voyaient consacrer dans la loi une disposition qui, dans le fait, les priverait de l'exercice d'un droit qu'ils savent leur appartenir !

Réfléchissez, législateurs !

POURQUOI DEUX CENS DIFFÉRENS POUR L'EXERCICE DES MÊMES DROITS.

J'ai raisonné jusqu'à présent dans l'hypothèse que le cens de 200 et 400 fr. aurait été adopté pour nos quatre Colo-nies, et partant de ce principe d'unité, j'ai soutenu que ce cens en raison des capacités politiques qui lui sont attribuées, était encore hors de toutes proportions et beaucoup trop élevé ; maintenant il me reste à signaler une autre imperfection de la loi, et celle-ci est encore plus patente et plus matérielle. C'est cette étrange disposition qu'il faille payer 100 fr. de plus pour être électeur, et 200 fr. de plus pour être éligible à la Marti-nique et à la Guadeloupe, qu'il ne le faut pour exercer les mêmes fonctions à Cayenne et à Bourbon.

C'est à regret que je le dis, mais je dois dire la vérité ; ici on a cédé aux exigences des colons privilégiés des deux Colo-nies qui se montrent le plus opposés aux améliorations que le gouvernement désire, mais qu'il ne veut pas imposer, et c'est en cela que j'en appelle à toute la bienveillante justice de la Chambre. Les lois doivent être faites dans l'intérêt de tous les citoyens, et non pas dans l'intérêt, mal compris, d'une coterie que le temps n'a pas instruite et que les révolutions n'ont pas corrigée. Les colons de la Martinique et de la Guadeloupe veulent que le cens soit élevé pour ces deux Colonies, parce qu'eux seuls, grands propriétaires, veulent exercer des droits politiques et les contester aux hommes de couleur. C'est donc aux législateurs qu'il appartient de mettre des bornes à des prétentions qui n'ont de fondemens que dans des préjugés que la loi doit tendre à effacer, et ce but ne sera pas atteint si, contre toute justice, on maintenait le cens de 300 et 600 francs. »

Puisque je suis réduit à invoquer un antécédent, j'irai le chercher, à regret sans doute, dans les actes du dernier gouvernement ; et certes, on ne le supposera guères favorable aux idées libérales, qui depuis ont fait d'immenses progrès au delà du tropique.

Lors qu'en 1827, Charles X voulut, par ordonnance, ce que la Charte de 1814, art. 73, promettait de faire par des lois, il fixa les bases de l'élection et de l'éligibilité de la manière suivante :

« Pour être électeur aux Colonies, il faut être membre du
« Conseil municipal, ou être officier de la garde nationale ;
« art. 173 et 189 (ordonnance du 9 février 1827)..

« Pour être éligible, il faut être né dans la Colonie, ou y
« être domicilié depuis 5 ans au moins, être propriétaire de
« terre et recencer quarante esclaves, ou payer 300 fr.
« de contributions directes non compris l'impôt municipal,
« ou payer patente de négociant de première classe. »
Art. 174 et 190 (même ordonnance) (1).

Mais puisqu'en 1827 il ne fallait payer aucun cens pour être électeur, et que celui de 300 fr. pour l'éligibilité était une garantie suffisante aux yeux du gouvernement ; on se demandera pourquoi la nouvelle loi a doublé le cens de l'éligibilité et

---

(1) Alors les hommes de couleur n'étaient pas appelés aux grades d'officiers dans la garde nationale; mais aujourd'hui qu'ils sont promus à ces grades, on fixe un cens élevé exprès pour qu'ils ne soient pas électeurs.

à porté celui de l'électorat à 300 fr. On se demandera encore comment il se fait que le ministère qui proclame qu'il n'y a aucun danger à restituer aux hommes de couleur des droits trop long-temps usurpés, leur impose une condition qui serait une nouvelle et légale interdiction. On se demandera enfin comment il se fait que M. le Rapporteur de la commission ose dire à la tribune :

« Nous pensons que le cens de 300 f. à la Martinique et à « la Guadeloupe, et le cens de 200 f. à Bourbon et à la « Guyane, appelleront à l'élection les citoyens qui peuvent « en faire un *usage éclairé;* mais n'y admettons pas ceux « qui ne pourraient user de ce droit avec *discernement.* »

M. le Rapporteur établit en fait, que les populations de Bourbon et de Cayenne sont plus éclairées que celles de la Guadeloupe et de la Martinique, et que le *discernement* qui manque à ces dernières, leur viendra dès l'instant qu'elles payeront 100 f. de contribution de plus.

Etrange allégation démentie par les faits ! Il est évident que la civilisation a fait plus de progrès à la Martinique et à la Guadeloupe, qu'à Bourbon et à Cayenne. Les hommes de couleur des deux premières îles ont des mandataires à Paris pour les représenter, et c'est peut-être pour les punir d'avoir, les premiers, revendiqué des droits dont ils sentent tout le prix, qu'on y met des conditions qui équivalent à une interdiction pour eux.

L'argument de M. le Rapporteur est donc un *non-sens* que je n'aurais pas réfuté s'il n'établissait, en principe, que ce qui est praticable à Cayenne et à Bourbon, ne le serait pas sans danger à la Guadeloupe et à la Martinique. Ainsi, partant de ce faux principe, il soutient que le cens de 200 f. doit procurer à l'habitant de Cayenne tout les droits du patricien, quand celui de 299 f. ne suffit pas à l'habitant de la Martinique, pour le retirer de la classe des prolétaires.

Que dirait l'électeur du département du Loiret, si on lui di-

sait, n'allez pas habiter le département voisin car vous y per-
driez vos droits politiques, attendu que la loi a fixé un cens
plus élevé dans ce département que dans le vôtre? il répon-
drait que la loi est absurde et injuste. Eh bien, je réponds
comme lui.

LA LOI NE SATISFERA PAS LES BESOINS DE L'ÉPOQUE.

Cette loi ne conciliera pas les intérêts généraux, et la raison
en est simple. L'ancien projet avait défini et posé les conditions de l'affranchissement, celle-ci se tait sur cette matière.
Elle laisse aussi au pouvoir royal, c'est à dire au Ministre de
la marine et des colonies, la faculté de statuer, sans contrôle,
sur le sort de 4 ou 500,000 individus. Ce qui est une déroga-
tion à la Charte constitutionnelle de 1830, qui dit, art. 64 :
« Les colonies seront régies *par des lois* particulières. » Or,
il faut une loi pour régler les devoirs de l'esclave envers son
maître et ceux du maître envers ses esclaves.

Les esclaves sont des hommes comme nous, et par cela
seul qu'ils sont plus malheureux que nous, ils ne doivent
pas être abandonnés à la discrétion du Ministre qui dirige les
Colonies.

Ce que je dis n'a rien de personnel, car j'aime à reconnaître
les bonnes intentions de M. le Ministre de la marine et de
M. le Directeur des colonies; mais comme la Charte doit être
une vérité pour tous les êtres qui sont sous la dépendance de
la France, je l'invoque en faveur des malheureux esclaves.

Quant à ce qui est relatif à l'affranchissement, le gouvernement, ainsi que la Commission nommée par la Chambre des
Députés l'année dernière, en avaient arrêté les principes, et
la loi aurait régi cette matière, si les Chambres avaient eu le
temps de s'occuper des Colonies (1); ainsi il était reconnu que

____

(1) Voir les rapports de MM. Martin, (du Nord), et Passy, rapporteurs des
deux commissions.

le mode d'affranchissement devait être fixé sur des bases immua-
bles. Mais dans l'intervalle des deux sessions , M. le Ministre
de la marine a provoqué une ordonnance royale (du 12 juillet 1832) sur l'affranchissement , et la preuve que, dans l'opinion même du Ministre, la loi seule devait régir le mode
d'affranchissement, c'est qu'on trouve dans les considérans de
la dite ordonnance le paragraphe suivant :

« Considérant que ce qui concerne les affranchissemens
« dans les Colonies, ne pourra être définitivement réglé que
« selon les formes qui auront été déterminées *par la loi à
« intervenir.* »

Donc la loi est seule compétente pour régler le mode d'affranchissement ! Et comment se fait-il que les lois présentées
gardent le silence le plus absolu sur cette importante question ?
L'ordonnance du 12 juillet 1832 étant une mesure provisoire
et inconstitutionnelle qui doit être régularisée par la législature,
la Chambre usera de son droit d'initiative en fixant les bases de
l'affranchissement comme elles ont été posées dans les articles 50
et 56 de la charte coloniale de 1685 , lesquelles sont encore
plus libérales que celles de l'ordonnance du 12 juillet 1832.

Si on ne remédiait pas au silence des deux lois , on verrait se
perpétuer une espèce de classe hermaphrodite, celle des patro-
nés, qui pourrait être d'autant plus dangereuse pour les colonies , que sans avoir tous les droits de l'homme libre auquel
elle est assimilée, elle ne peut être passible des peines
réservées aux seuls esclaves.(1).

Ainsi, les besoins de l'époque et ceux du pays ne seront
pas satisfaits, si la loi ne définit pas le mode d'affranchissement, qui est une des conditions de la tranquilité future de
nos Colonies.

(1) Arrêt de la Cour de cassation du 9 mars 1833, affaire Louisy, patroné
ou libre de fait à la Martinique.

CETTE LOI N'EST PAS L'EXPRESSION DE LA MAJORITÉ.

Non, elle n'est pas l'expression de la majorité de la population coloniale, parce que cette majorité, dans le sens qu'on lui prête en France, c'est-à-dire gens qui possèdent, n'a pas été entendue ; si elle eût été entendue, elle n'eût pas demandé à être frappée d'incapacité dans une loi qui a pour objet de lui restituer des droits qui lui sont chers ; si elle eût été entendue, elle eut exprimé les vœux dont je ne suis ici que le fidèle écho. Elle eût dit que les conseils privés et généraux des Colonies ne représentent qu'une faction turbulente et essentiellement dominatrice, et non les intérêts généraux du pays. Elle eût dit que les membres de ces conseils sont choisis dans quelques familles influentes dont le principal mérite est la haine qu'elles affichent contre la classe de couleur.

Ainsi, la Chambre aura à se pénétrer de cette vérité palpable, c'est que les colons blancs ont été les seuls appelés et entendus, soit par les conseils privés des gouverneurs, soit dans les conseils généraux de ces Colonies ; et comme leurs intérêts sont diamétralement opposés à ceux de la classe de couleur, ils ont manœuvré en habiles tacticiens en fixant un cens qui est inabordable aux propriétaires de couleur.

CETTE LOI NE RÉTABLIRA PAS L'UNION ENTRE LES CLASSES RIVALES.

Loin d'opérer la fusion indispensable à la tranquillité et à la prospérité publiques, cette loi aura le déplorable effet de diviser, plus que jamais, les deux classes libres de nos Colonies. Elle créera deux camps ennemis ; dans l'un, on verra tous ceux qui paient au fisc 300 ou 600 f. d'impôt, et ils seront tous blancs ; dans l'autre, on verra tous ceux qui paient depuis 299 f. jusqu'à zéro, inclusivement, et le nombre en est considérable. Ainsi donc, toutes les figures au teint blafard formeront le camp de l'aristocratie, quand toutes les figures cuivrées et noires formeront le camp des prolétaires. Étrange loi qui, au lieu de confondre les intérêts et les nuances, les aura séparés en les mettant en présence et peut-être aux prises, dans un climat où les passions sont si actives.

Si la classe de couleur était moins pénétrée des sentimens de ses droits, si elle pouvait être dupe des subtibilités dont fourmille le projet de loi, elle mériterait peut-être l'interdiction dont elle est en effet frappée par l'élévation du cens, que les plus riches de la classe payent à peine; alors je n'en aurais pas appelé à la Chambre des Députés; car que m'importent les capacités de fortunes, quand elles ne sont pas à la hauteur des capacités intellectuelles; mais ici on frappe à la fois et les capacités intellectuelles et les capacités de fortunes; et ce, uniquement par déférence pour d'absurdes préjugés, et par respect pour des intérêts privés qui ont malheureusement prévalu.

Mais on ne s'y méprendra pas aux Colonies. Les habitans les plus étrangers à la politique, les noirs et les mulâtres libres des mornes et des forêts les plus éloignées des villes, verront qu'on a voulu avoir l'air de leur donner d'une main ce qu'on leur a repris de l'autre. Ils n'auront plus de foi dans les promesses, ils croiront avoir été trompés, comme ils le seront en effet si la loi n'est pas amendée; et dès lors, sera ajournée pour long-temps encore, cette fusion si indispensable au bonheur de toutes les classes; car les colons blancs, forts d'un succès qui les rendra plus fiers et plus orgueilleux, n'auront rien diminué de leur prétention, et les hommes de couleur, moins indulgens et plus méfians, seront moins disposés à oublier les persécutions dont ils ont été victimes, et à pardonner des offenses malheureusement trop récentes.

Si j'ai suffisamment signalé les principales imperfections de la loi sur le régime législatif, et que la Chambre daigne écouter les supplications d'un citoyen qui s'est sacrifié au bonheur de son pays , elle modifiera la loi en ce sens que la législature seule aura à prononcer sur les matières suivantes :

1° Sur l'exercice des droits civils et politiques aux Colonies;

2° Sur les lois civiles et criminelles , concernant les personnes libres et les lois pénales déterminant pour les personnes non libres les crimes [auxquels les peines afflictives et infamantes sont applicables;

3° Les lois qui régleront les pouvoirs spéciaux des gouverneurs, relativement aux mesures de haute police et de sûreté générale ;

4° Les lois sur l'organisation de l'ordre judiciaire ;

5° Les lois sur le commerce , le régime des douanes et la répression de la traite des noirs;

6° Les lois sur l'organisation administrative, le régime municipal compris;

7° Les lois sur la police de la presse ;

8° Les lois sur l'instruction publique;

9° Les lois sur l'organisation et le service des *gardes nationales*, en consacrant le principe d'élection des officiers et sous-officiers;

10° Les lois sur les conditions et les formes d'affranchissement, comme il est défini dans le code noir ou édit de 1685 ;

11° Les lois sur les améliorations à introduire dans la condition des personnes non libres.

12° Les lois réglant les relations entre les Colonies et la Métropole.

Mais sur toute chose, l'abaissement du cens électoral et celui de l'éligibilité, sinon comme je le demande à la page 11, du moins comme il est fixé pour Cayenne et Bourbon.

FABIEN ,

Mandataire des hommes de couleur de la Martinique.

Paris , le 27 mars 1833.